En la órbita de Orión

Julia Baigorri

Primera edición: Ediciones Endymion, 2026

Ediciones Endymion
C/ Cruz Verde 22
28004 Madrid. España

www.edicionesendymion.net
ediendymion@yahoo.es

ISBN: 978-84-7731-670-1
Depósito legal: M-4027-2026

Impreso en España

Para Adriana,
que me mira desde el firmamento convertida en la estrella más brillante.

Y para Julia y Víctor,
a los que también ilumina su haz de luz.

I've seen things you people wouldn't believe. Attack ships on fire off the shoulder of Orion. I watched C-beams glitter in the dark near the Tannhäuser Gate. All those moments will be lost in time, like tears in rain. Time to die!

He visto cosas que ustedes no creerían. Naves de ataque en llamas frente al cinturón de Orión. Vi rayos-C brillar en la oscuridad cerca de la Puerta de Tannhäuser. Todos esos momentos se perderán en el tiempo como lágrimas en la lluvia. Es hora de morir.

Blade Runner

Prólogo

Riojana de Alberite, Julia Baigorri ha sido profesora de inglés durante muchos años y ha publicado varios libros de poesía, casi todos en Endymion, entre 2006 y 2022. El poemario que comienza donde terminan estas breves líneas de complicidad y empatía está consagrado a la ausencia definitiva de su hija, que cruzó el espejo y se fue a vivir a las estrellas, dejando a su familia en ese desconsuelo cósmico que solo puede mitigarse, no desaparecer, acudiendo al milagro de la fe o a la lectura de las consolationes de Séneca. Desde un estilo sencillo, trufado de narratividad cotidiana en sus costuras líricas, Julia pasa revista al cuarto de siglo transcurrido entre el nacimiento y el óbito del fruto de sus entrañas, mostrándonos de la forma más tierna, emocionante y cariñosa posible la historia común que compartieron durante cinco décadas de sus vidas. Jorge Manrique dedicó a la muerte de su padre el poema más intenso y profundo que existe en nuestra lengua sobre el amor filial. Pero en el caso del poeta castellano no se había vulnerado el orden natural, puesto que don Rodrigo murió antes que su hijo, mientras que en la coyuntura familiar de Julia Baigorri ocurrió lo contrario: fue la hija quien emprendió el último viaje, contraviniendo la regla según la cual los padres no deberían sobrevivir a sus retoños. Sea como sea, lo cierto es que la escritura restaña las heridas, que dejan de sangrar, y eso es lo que ha conseguido nuestra amiga. Sus heridas la acompañarán mientras viva, pero la composición de esta elegía a la memoria de su hija (como la de Shelley a la muerte de Keats, o la de Hernández al tránsito de Ramón Sijé) va a tener consecuencias positivas en su espíritu. Doy, pues, la bienvenida a este libro, que es sin duda muy triste, pero también muy necesario y yo diría que hasta obligatorio.

LUIS ALBERTO DE CUENCA
Madrid, 16 de Enero de 2026

En la órbita de Orión

A lo mejor

A lo mejor, si te hubiese cortado las alas
no hubieses volado tan lejos de mí.
Pero sin alas, no hubieses sido
la niña libre y soñadora que yo amaba.
A lo mejor te hubieses quedado siempre conmigo
triste, medrosa, egoísta, sin sonrisa, sin corazón
y hubieses sido una niña distinta a la que yo amaba.
A lo mejor hubieses transitado por el mundo,
siempre de mi mano, sin poder ser tú
y sin dejarme ser yo, la madre que aún te adora.

A través del espejo

Hay veces que oigo que se cierra la puerta
y que me dices hola desde el umbral
y me pongo a pensar si no estaremos viviendo
en dos universos paralelos como los personajes de Carroll,
y trato de ver más allá e imaginarte repitiendo mis gestos.
Y entonces te abrazo al aire para que mi abrazo te llegue
y te digo mil veces que te quiero para que mis palabras
te alcancen y te cuento cosas y trato de escuchar tu respuesta.
Pero no ocurre nada y no capto ningún sonido.
Y cuando me canso de estar ahí, haciendo muecas y gestos
y hablando sola, le ruego a Alicia que me ayude
a atravesar ese espejo azul borroso que nos separa.

Calendario

Todos los días 1 de cada mes
dejo que vaya corriendo el tiempo
calculando si a la hora en la que miro el reloj
estarías todavía viva o no. Y me digo que aún
hubiera podido decirte por última vez
que no me dejases, que no sé vivir sin ti;
aún hubiese habido tiempo de un último "te quiero",
de haberte dado un último beso.
Intento recordar cuál fue la última vez
que te vi ese día, cuales fueron
nuestras últimas palabras, nuestra última caricia.
Pero se me fue el día y llegó la noche
y cuando te encontré ya no estabas viva,
ya no reaccionabas a mis lloros ni a mis súplicas
como tampoco lo hizo ese Dios inmisericorde
que nunca te eligió como niña amada
ni a mí me hizo perfecta para vosotros.
Una madre infame que no supo que te ibas
y que te abandonó en el último momento de tu vida
dejándote morir sola, sin una mano ni una voz.

Concierto

Absorta en la música del concierto
miro de reojo a mi alrededor y lo veo.
"Es él", pienso admirada.
Hasta lleva su misma ropa,
como si nunca se hubiese ido.
"Mira, Adriana, es papá",
digo casi en voz alta.
Me giro a preguntarte
si tú también lo reconoces
y me doy cuenta del vacío a mi lado
porque tú tampoco estás ya conmigo.
Y, quién sabe, si no me estáis mirando
juntos desde vuestra atalaya
y me mandáis mensajes que yo no capto.

Contigo

Cómo voy a vivir sin ti, me digo,
mientras me arrastro día a día
fingiendo que existo
para que los que me quedan
no sufran en la distancia.

Cómo voy a aguantar, sollozo,
mientras la vida sigue y yo con ella
llevando una falsa careta
que me hace parecer aquella que fui
y que se marchó contigo.

Cúrame

Nos quedaron pendientes tantas cosas,
imaginábamos la vida eterna
y con tiempo para todo.
Se agotó tu reloj y yo, de momento,
no le he cambiado la pila al mío
pero tengo que seguir por ti,
porque así lo querrías.
Me prometía una vejez feliz
y hace tiempo que la vida
me cambió planes y argumentos
pero este golpe ha sido el definitivo.
No me dejes, sobre todo por la noche,
cuando te esperaba despierta
hasta que volvías y podía dormirme tranquila.
Acompáñame y cúrame, como hacías,
los zarpazos de la soledad
taimada e inmisericorde.
Acuéstate conmigo y háblame bajito
de tus cosas también mías.
No abandones mi espíritu
porque mi cuerpo ha quedado solo,
lloroso y a la intemperie
de esta muerte en vida.
Te quiero, hija mía.
Tanto, que duele.

Dime

Justo cuando el aire ya olía a Navidad
y el cielo estaba limpio de cigüeñas
como en un suspiro, te me fuiste.
Aquí, frente a tu foto, sentada en tu cama
y mientras intento aspirar el olor que quede de ti
me pregunto, si ahora que estás al otro lado,
podrás decirme si es cierto
que las estrellas cantan, que los besos de la luna saben a sal,
que hay un lugar especial para los suspiros de los seres solos,
de qué color son, desde allí, los amaneceres en Nuncajamás,
si los sueños se cumplen alguna vez, si hay un pozo triste
donde van a parar los besos que no damos,
si las colas de los cometas queman,
si las nubes abrazan, qué guarda Eos en su ombligo de luz.
Dime si nos ves, si nos oyes, y si serás capaz,
en alguna noche insomne, de decirme
que nunca te fuiste del todo, que podrás
guiar mis pasos inciertos
al lugar del futuro que me corresponde,
y que lo buscarás justo a tu lado, bajo tu sombra.
Dime que fui buena madre aunque quizás no la que merecías.
Dime si podrás ayudarme
desde ese punto infinito en el que te encuentras
a seguir siendo sin ser, la que quise ser y no soy.

Eclipse

"Todos creísteis anoche
que había un eclipse, pero no.
Era yo jugando al escondite con la luna",
me ha dicho esta mañana mi hija
con sonrisa pícara.
"Las noches aquí se hacen largas
y como ya sabes lo que me cuesta dormir
me reúno con ella y jugamos
o charlamos sin más.
Sobre ti y los niños generalmente".

"Pues ya ves, hija mía.
Hoy, que hoy ya huele a otoño
me apetecería una tarde
de aquellas nuestras, de Scrabble,
peli en la tele y palomitas",
pienso aquí abajo mientras tú
persigues esquivos luceros.

Pero es el aroma a melancolía
lo único que me queda
de aquellos días, hija mía.

El baobab

Cuando tu padre murió
y su ausencia me dolía,
lo imaginaba en África,
junto a la charca del cocodrilo y el baobab.
Busco un paisaje en el que colocarte a ti
y no lo encuentro.
Ni El Rajao, sitio
en el que fuimos tan felices
sin saber las trampas que la vida
nos tenía preparadas,
ni Barcelona donde encontraste a Teo
y a tantos otros amigos,
ni en ningún rincón de Alberite
ni de Logroño.
Ni siquiera en el escenario
de tus cuentos de infancia,
como Nunca Jamás,
o la Tierra de la Bruja del Este,
o el país de Íñigo Montoya,
o los dominios de la Reina de Corazones.
En ninguno te veo instalada definitivamente.
Porque tu único escenario posible
es mi corazón donde a ratos te enroscabas
y me hablabas y llorábamos juntas.
Hoy estás en la morada eterna
donde están Teo y papá y los yayos
pero tu espíritu revolotea por la casa
y sé que es dentro de mí
donde está tu sitio definitivo.
Completando el círculo vuelves a mi seno,
a tus principios, a mi final.
Va a ser duro no oírte canturrear en la ducha
o el rock constante en tus cascos

o las arias de ópera antes de dormir
y que me dormían a mí antes que a ti.
Va a ser imposible imaginar sin ti
lo que me queda de vida.

El puente

El puente a la felicidad era una estructura central
con dos enormes PILARES de fuerza inusitada
alrededor de las cuales fueron surgiendo estribos
que se sujetaban entre sí apoyándose uno en otro
de manera que resultaban indestructibles.
Primero fallaron dos pilotes pero entre todos
sostuvieron al resto con columnas de amor infinito.
Años después sucumbió otro, pero la unión
entre las nuevas nervaduras se había hecho
inmensamente fuerte. Uno de los tirantes
sufrió un accidente fatal al fallar su viga maestra
pero con multitud de abrazos resistió el tablero central.
Solo quedaban dos que aguantaban por completo
el corazón central del puente. Ahora, uno de ellos tiembla
y no sé si uno solo será capaz de mantener
el peso de un dolor tan inmenso, tan insoportable.

El tiempo

Nos ha vencido el tiempo,
nos ha pillado a traición,
con tantas cosas por hacer
porque pensábamos
que el mañana era eterno.
Y nos quedaron viajes por hacer,
libros que leer, películas por ver,
secretos por contar, disculpas que pedir.
Y, sobre todo, abrazos que no nos dimos
y que hoy, ya, son imposibles.
Porque por mucho que te abrace
de noche al acostarme y te hable
y te solloce, lo cierto es
que nunca volveré a verte
ni a besarte ni a tocarte nunca más.

Eternidad

¿Y si esto de tu ausencia no fuese tan eterno,
tan imperecedero, tan interminable?
¿Y si por un milagro pudiésemos reencontrarnos
cinco minutos al día, a la caída del sol,
para contarnos nuestras cosas y estar al tanto
de nuestros miedos y nuestros sueños y soledades?
Los primeros días serían todo prisas,
ganas de parar el reloj y prolongar la magia;
habría aluviones de besos y "te quieros" acelerados
y luego, poco a poco, aprenderíamos a ser pacientes,
a hablar sin prisa ni pausa, a acompasar los abrazos
y yo te contaría cosas de los que aún seguimos aquí
y tú me hablarías de los nuestros que has encontrado
por ese mundo extraño en el que te imagino.
Todo entonces sería más llevadero, más soportable
menos angustioso que saber que no voy a verte nunca más,
HIJA MÍA.

Flores

Es la primera vez en mucho tiempo
que no me ha llegado esta mañana
el ramo de flores con el que mi hija
me decía "te quiero".
Es la primera vez de muchas
porque ya no volverá
así que tengo que aprender
a reconocer su amor, siempre presente,
en todo lo que me rodea.
En los montes amoratados del horizonte,
en el manso vuelo de los pájaros,
en la rítmica música acompasada del arroyo
donde ayer la pensé por última vez.
Tengo que dejar de pensar que soy menos madre,
sólo la mitad, porque ella haya levantado el vuelo,
porque se es madre del todo aunque
de pronto te corten un ala y no puedas volar más.
Tengo que sentirme capaz de seguirla y amarla
por los vericuetos secretos
en los que ahora, sin mí, se mueve sola.

Fuego

A mí antes me gustaba el fuego.
Era el fuego allá en la recocina de Alberite
cuando en las noches de invierno se iba la luz
y mi abuelo encendía una fogata
y ponía la trébede con maíz amarillo
y, tras un misterioso chisporroteo,
aparecían milagrosamente palomitas blancas.

A mí antes me gustaba el fuego.
Era el fuego ante el cual mi abuelo y mi abuela
me contaban por turnos sus cuentos,
el de "El gorro colorado" de él
y "Perico y los dos concjos de ella"
y el calor te envolvía y la imaginación volaba
en aquella habitación mágica
que olía a pan tierno y a melocotones.

A mí antes me gustaba el fuego.
Eran las hogueras de San Juan en las que quemábamos
nuestros sueños nuevos y nuestros miedos viejos
y también las lumbradas de la bodega
cuando entre amigos se asaban las chuletas
entre cantos antiguos y que, sin embargo, sonaban siempre nuevos.

A mí antes me gustaba el fuego.
Pero ya no me gusta porque te vi arder en él
violentamente, como con prisa,
y vi cómo te convertías en una estela de humo oscuro
que se elevaba hacia el cielo y te alejaba para siempre
de mis labios y mis brazos.

Hoy

Hoy, con el sol que brilla y que tú no percibes
desde el rincón oscuro donde te desvives,
te imagino leyendo en la terraza
pero me asomo y tu sitio está vacío.
Revive, verde, la hiedra y me gustaría
que, como ella, trepases por mi cuerpo
y poseyeses hasta la última grieta
de este moribundo corazón.
Echo de menos tu risa y tu llanto,
tus palabras prometiéndome
que siempre estaríamos juntas
recorriendo el difícil camino de esta vida
que nos tocó vivir, durísimo siempre
pero especialmente para caminarlo a solas
como ahora me toca hacer a mí.
¿Cómo recorrerlo ahora sin ti, sin tu sombra
sin aliento, sin cobijo ninguno?

Imposibles

Cuánto daría por oírte reír
de cualquier tontería,
escuchar tu voz contándome cosas
o simplemente tarareando
nuestras canciones de infancia;
y sentir el calor de tu abrazo
que me recomponía y vivificaba.
Qué no haría por volver
a la víspera del fatídico día
y detener los relojes
y destruir los calendarios,
para poder decirte por última vez
el "te quiero" que quedó pendiente
para siempre, ardiendo en mi boca,
abrasando mi corazón
aunque tú ya supieras
que eras, que ERES, mi pequeña,
la princesa de mis cuentos más hermosos.
Ay, sí hubiese sabido
que te estabas yendo para siempre
mientras yo, ignorante madre inútil,
seguía con mi vida,
ajena a tu partida
sin mi compañía ni mi voz.
Pero ya nada es posible
y moriré soñando
que vuelves para cruzar de nuevo conmigo,
llevándome de la mano,
ese camino a las estrellas
que emprendiste sin mí.
Cómo te amo y te añoro, hija mía.

Julia

La agarro con miedo y ella protesta:
"Quiero subir hasta allí arriba,
como hacía con la tía Adriana".
Pero no la suelto y trato de hacerle ver
que yo no tengo ni tu fuerza ni tu habilidad
y que, si cayese, sólo podría caer con ella
y que no podría subir a buscarla
si de pronto, el vértigo o el miedo,
la atenazaran allí en lo más alto.
Me caen lagrimones que no trato de disimular
aunque algún niño me mira sorprendido.
Es la primera vez que he vuelto al parque,
al parque de vuestras aventuras,
al que la llevabas y soñabais jugando.
"Con la tía trepaba hasta lo más alto…", me dice.
"Lo sé, cariño. Pero la tía ya no está
y a mí se me cayeron las alas cuando se fue".

Lágrimas

Una lágrima por la vida que te han robado
llena de sueños, poemas, algún fracaso,
bandas de estorninos bailando en el cielo,
atardeceres en Cáceres, mar en Llanes,
laberintos y agapantos en Barcelona,
amigos, charlas y confidencias a media voz.

Una lágrima por Julia que crecerá sin ti,
sin tus juegos y tus cuentos, partidos de fútbol,
sin tu pilar al que se agarraba con amor real y puro,
sin tus chapuzones en la piscina, historias de monstruos
y murciélagos para asustarme, enemigos sin huesos
y trampas intrincadas e indoloras para lobos amaestrables.

Una lágrima por Víctor que apenas te recordará
y no sabrá lo mucho que los amaste y, como su hermana,
se perderá tanto como tenías para darles,
para enseñarles, para gozar contigo de tu generoso corazón
que ellos llenaban por completo y que no los verá crecer
ni adentrarse en el mundo lleno de encrucijadas engañadoras.

Y una lágrima por mí, que vago a ciegas sin tu mano,
que no encuentro el norte en esta brújula desimantada sin ti,
que nado en esta oscuridad en la que me desvivo
tratando de mantenerme a flote para no hundirme
y llevarme conmigo tu memoria, que ruego y maldigo
al mismo Dios que no te quiso
y que te robó mis besos y tu mañana.

Las alforjas

Además de sin media vida
y sin medio corazón, me has dejado
sin muchas otras cosas.
Te has llevado en tus alforjas la música de ópera
como la de Zorba tan de papá y tan tuya
y la de algunos artistas
que no podré volver a oír sin tu tarareo de fondo.
Te has llevado las playas de Llanes
a donde no volveré jamás,
y Sicilia y la playa de Montalbano
y la voz ardiente del Etna que ya no oiré más.
Y los atardeceres de fuego de Cáceres
cobijadas bajo los canchos de la piscina
y la magia de Córdoba a la que nunca te llevé
y la Luz de La Coruña que no disfrutaremos juntas.
Ni podré volver sin ti a recorrer calles
y librerías de Londres, ni a pasear
por Nueva York de la mano de Raúl
ni viviremos, como tú decías,
el San Fermín sin toros paseando por Pamplona.
Te has llevado los hayedos de Tobía
con sus arroyuelos cantarines y sus puentecillos
y las charcas del Iregua y sus cigüeñas
y nuestros viajes a Barcelona
a disfrutar de sus rincones y de tus amigos
y de la magia del laberinto de Horta
donde me perdía siempre.
Nunca más podré volver a tantos rincones nuestros
y que sin ti no tienen sentido.
Qué sola y huérfana me dejas de ti y de mis esperanzas.
Qué pequeño se queda, sin ti, mi mapa vital.

Mapa

Si tuviese un mapa claro de dónde estás
me moriría adrede e iría a buscarte.
Necesito tu voz, tus besos tu tacto,
tu manera de peinarme,
tu forma de acurrucarte a mi lado
para cantar a dúo canciones sólo nuestras.
Pero si subo a buscarte y no te encuentro
andaríamos las dos perdidas,
buscándonos eternamente y mucho más solas:
Tú sin las lunas de Orión que te alumbran
y yo sin el haz de luz de Julia y Víctor
que me guía y protege.

Mariposa

Enróscate en mi corazón,
parasítalo, envuélvelo
en tu seda, hazme capullo
y conviérteme en mariposa
con alas luminosas como arco iris
para poder seguirte pronto
a la inmensidad en la que te desvives.

Máscara

Mírala cómo se ríe
y va a los bares y habla con la gente
como si no hubiera pasado nada,
como si su hija no hubiera muerto.
Escucho y callo, mientras en algún portal
me seco las lágrimas por miedo a que su humedad
me desprenda la máscara de mujer feliz que luzco.

Me gustaría

Me gustaría que mis palabras fuesen tan poderosas
que si yo escribiese "VERDE", todo el mundo
se sumergiese en un hayedo y todo pareciera de jade,
de esmeralda deslumbrante, de la malaquita oriental.
Y el blanco atrajese a la nieve pura, a los cisnes esbeltos
a la música clara de Grieg y todos se sintiesen limpios,
inmaculados y sintiesen frío en sus huesos.
Y que al decir "sol" todo se alumbrase y yo pudiera veros
a los dos cuando erais niños felices y jugabais y reíais.
Y lo mismo con luna y con mar y con pájaros y con selva.
Y que si dijese "negro" todos pudiesen sentir mi dolor,
ver mi corazón sangrante, notar mi miedo, mi soledad,
la falta de vida y de esperanza desde que tú no estás,
hija querida.

Medio yo

Yo no soy yo. Soy sólo media yo
desde que me dejaste aquí perdida.
Entiendo la mitad, estoy medio tonta.
Abrazo la mitad, estoy medio manca.
Hablo la mitad, estoy medio muda.
Oigo la mitad, estoy medio sorda.
Veo la mitad, estoy tuerta. Estoy MUERTA.

Nada

¿Y si más allá no hubiera nada
y al cruzar el umbral
nadie hubiese salido a esperarte?
¿Y si estuvieses vagando, sola,
perdida en la inmensidad de la noche cósmica
llamándome entre lágrimas, con miedo,
pidiendo un auxilio cuyo eco no me llega?
¿Y si, una vez más, estuviese fallándote
sin saber que lo hacía?
Es lo que de pronto me ha dado por pensar
y es un peso más que echo
sobre mi pobre, destruido corazón.

Niña feliz

Repaso tus fotos una y otra vez
y en todas ellas disecciono
el lugar y el momento.
Y no hace falta ser niño para comprender
que eras feliz entonces
pero sí hace falta ser madre
para entender el horroroso dolor de tu ausencia.
Hace falta estar muerto
para comprender la sempiterna soledad
del más allá eterno en el que te desvives.

No llores

"No llores por tu hija", me dicen.
"Ahora está en el universo hecha nube".
Pero yo no quiero un niña intangible
que se desharía en mis dedos al tocarla.
Quiero una niña real y corpórea
a la que poder besar y abrazar.
Otros me dicen: "Mira un arroyo,
tu hija está en su corriente".
Pero yo no quiero una niña líquida
e inabarcable, quiero mecerla en mis brazos
como cuando de pequeña no se podía dormir
y yo la apretujaba contra mi pecho
y le cantaba nuestras canciones secretas.
"Mira al espacio, te contempla desde cualquier estrella",
me dicen otros. Pero yo no quiero una niña sideral
que desaparece de día y me deja de noche, sola y doliente
a merced de mi memoria y mi herido corazón.
Quiero una niña que me acompañe siempre
y que me susurre al oído que me querrá
y me cuidará siempre, y me llevará
a ver el mar y las hayas cuando yo no pueda andar.
Quiero a la niña que se me escapó una noche
mientras yo, distraída, no me enteré que me dejaba
y no le di este último beso que aún guardo
en un bolsillo de mi corazón y que me quema y escuece.
Es a ti a quien añoro y necesito,
aquel bebé que en las fotos me mira y me sonríe con amor.
El mundo, la vida, todo es mucho más negro, aterrador
y triste sin ti, Adriana querida.

Pesadilla

¿Y si de pronto una mañana
despertara contigo a mi lado
diciéndome que me quieres,
que me cuidarás siempre,
que daremos la vuelta al mundo
como nuestro amigo Simbad?
Qué alivio despertar de esta pesadilla
justo ahora, cuando la primavera
lo pinta todo de verde y bullen
los árboles con pájaros nuevos
y las chiribitas y resto de flores silvestres
llenan los prados y se preparan
para el beso de las mariposas.
Qué catarata de besos y abrazos,
qué diluvio de palabras
tratando de explicarte mi horrible pesadilla
de vivir sin ti, sola y perdida, sin luz ni esperanza.
Hay sueños que se cumplen a veces…
¿Por qué este no?

Resurrección

Todo a mi alrededor revive
menos tú, que sigues
en tu mínimo, inhóspito nicho de piedra.
La nieve de los almendros
ha vuelto a teñir los campos
y el dulce aroma de las mimosas
impregna los rojos atardeceres
pero tú sigues inmóvil y fría,
ciega ante tanta injusta belleza,
muda a mis ruegos,
sorda ante mi llanto eterno por ti.

Sentimientos

¿Alguna vez habéis sentido
que llevabais dentro una estrella
fulgurante, ardiente, brillante
pero muda?

¿Habéis sentido la necesidad
de abrazarla a pesar de su fuego,
de abrirle vuestro corazón
a pesar de su silencio?

Yo sí.

Desde que murió mi hija
y la llevo de nuevo
en mis entrañas.

Silencio

Hubo un tiempo
en el que yo me vestía de colores
y en el que cantaba mientras hacía las labores.
Era un casa sonora y brillante,
musical y colorida.
Hoy, ni los pájaros cantan cerca y el sol
la roza de refilón, como sin querer.
Y es que tú, fuente de todo,
me abandonaste una noche recién estrenada
cuando los luceros aún se desperezaban
en su nube y las aves de la noche
aún no habían dejado sus nidos.
Y sin ti, todo es negritud y silencio,
hija mía.

Solo soledad

Solo soledad.
Todo el día sin ver a nadie,
sin oír a nadie,
sin hablar con nadie.
Cuándo me daré
por fin cuenta de la soledad
que me inunda y me posee
desde que te fuiste sin mí, cariño mío.

¿Te acuerdas?

¿Te acuerdas que cuando murió papá
estuvimos un tiempo oyendo sus toses y carraspeos
y que de pronto desaparecía una cosa de un sitio
y aparecía en otro diferente?
Le llamábamos Dobby.
Pues a ti te veo a veces, pasas etérea y azul,
cruzas la habitación y yo te miro de reojo
porque no quiero agarrarte por si te rompo.
Y sé que es tu manera de decirme que sigues conmigo,
que nunca te fuiste del todo, como pasa con los que amamos,
que me cuidas y proteges aunque yo no lo sepa.
Que estás en mis días y en mis noches,
que secas mi llanto, que ríes con mis risas.
Que no es tan malo el sitio donde estás si te dejan venir a verme.
Y sé que cualquier día, no muy lejano,
me agarrarás de la mano y me llevarás contigo
para cruzar las dos juntas la puerta del adiós.

Trío

Tras días de algarabía y risas
con los niños llenándolo todo
mi casa se ha quedado de nuevo vacía.
Vago de habitación en habitación
tratando de atrapar algún resto alegre
que haya quedado, atrapado en las cortinas
o suspendido de las lámparas. Pero no hay nada.
De nuevo estamos los tres solos:
tú que sobrevuelas mi sombra,
el triste silencio que duele y yo.

Tu cama

Por primera vez tras tu partida
vuelve a estar ocupada tu cama
y me parece haber vuelto
a aquellos días de vida feliz
cuando me asomo y veo a Julia ocupando tu lugar.
Una Julia tan como tú, tan ingeniosa,
tan habladora, tan preguntona
tan ocurrente y graciosa como tú.
Y me froto los ojos y miro de nuevo
por si la vida, en uno de sus giros,
se hubiese quedado anclada
en vuestra infancia y yo fuese de nuevo
joven y capaz y esperanzada. Pero no.
Nada ha cambiado, tú te has ido para siempre
y es ella, a quien tanto amabas,
la que ha conseguido dar cuerda
y poner de nuevo mi corazón en marcha.

Tus fotos

Devoro con los ojos
las fotos en las que estás sonriente,
viva, tal y como eras tú.
Porque aquella última visión
que tuve de ti no eras tú en realidad,
ya sin vida, con tu espíritu ausente.
Aquella cara que tanto besé,
que tanto daría por volver a besar
se clavó en mi corazón
como una saeta mortífera y certera.
Ay, aquellas manos que tanto me acariciaron,
que aprendieron pronto a hacer
los "Cinco lobitos", que se despedían
de mí en la puerta del cole
como mariposillas blancas y juguetonas...
Estaban tan frías, tan inertes, tan sin ti.
Intenté en vano calentarlas,
inútilmente privarlas de su rigidez.
Quiero otro recuerdo tuyo, otra imagen
y por eso, como te digo,
devoro con los ojos
las fotos en las que estás sonriente,
viva, tal y como eras tú.
Un año.
Un año negro, triste, desesperado.
Un año vacío, sin alegría, sin risas, sin ti.
Un año roto, llorado hasta madrugadas
irresistibles de frío, dolor y soledad.
Un año de recuerdos, de propósitos vanos e imposibles
de lamentos por lo hecho y lo no hecho,
por lo dicho y lo que quedó por decir. Por hacer.
Un año sin luz ni luna, de noches insomnes
sin Henry y Liza y su cubo con agujeros.

Sin música, sin ecos de risas colgando por las paredes,
sin paseos al Iregua, sin noches de confidencias y amigos.
Un año que me muestra cómo serán los que me quedan
sin ti para siempre, con ellos lejos, sin dios ni esperanza ni fe.
Camino a tientas sobre el filo de una afilada catana
temiendo errar el paso, resbalar, sucumbir y olvidarte.

Ven

Ven a mi cama y abrázame.
Te cantaré nuestras canciones
bajito para que nadie más las oiga.
Las de siempre, las nuestras,
las de yaya, las de Julia y Víctor.
Y tú, desde tu estrella, cántamelas también.
Serán mi brújula en la inmensidad negra
donde te busco sin encontrarte.

Colocada

Yo siempre imagino que en el cielo se trabaja.
Cada cual a lo suyo, tengo organizada
a la parte de mi familia que vive allí.
Pero se acaba de incorporar mi hija y, obviamente,
la he puesto en lo que le gusta y sabe: administradora
de los servicios informáticos. Y ahí está,
guardando la puerta y arreglando chapucillas.
Ha ordenado a la luna que inspire a los poetas
y que cobije a los amantes clandestinos.
Ha enviado al tinte al arco iris y a las auroras boreales
porque tenían un poco apagados los arreboles
de sus trajes y apenas brillaban en el cielo
y ha comprado un gallo blanco para que avise
al lucero del alba porque amanecía siempre tarde.
Vigila que las alondras se despierten temprano
y espabiladas y que los flamencos luzcan
sus rosas más vivos. Y que los colibríes descansen
entre las florecillas de las lantanas
y que las mariposas se hagan amigas de las luciérnagas
para que las guíen en las noches sin luna.
Madres sin niños cuidan a niños sin madre
y ha mandado traer los perros más mansos
para acompañar a viejecillos tristes y solitarios.
Ha impuesto nuevas normas para poder entrar:
Tienen paso libre los pobres, los solitarios,
los llegados de lejos en mortíferas pateras
y tragados por los mares de sal y de intolerancia
y ha vetado el paso a los que llegan en lujosos coches
o los que suben bajo palio. No entran los hipócritas
ni los que tapan sus pecados con la diaria comunión.
No pasan ni los intransigentes ni los racistas
ni los genocidas y está preparando casitas preciosas
para los sin techo y los desheredados.

Aún no sabe si a Dios le gustará pero los querubines
están encantados. Yo la sigo echando de menos cada segundo
pero a lo mejor allí hace más falta. Le he pedido que
invente algo para poder localizarla siempre ahí arriba,
un haz de luz, un lucero enorme, una iridiscente cola de cometa
y me ha dicho que se pondrá con ello enseguida.
Así que estoy tranquila sabiéndola a gusto,
porque qué más va a querer una madre que saber
que su hija, por fin, tiene un buen empleo.

Despedida

Hola, amigos, gracias por estar aquí para despedir a Adriana. Sobra deciros lo difícil que me resulta hacerlo porque se ha llevado con ella el foco de luz que era para mí y que iluminaba mi camino.

Yo a Adriana le enseñé muchas cosas, como todas las madres a sus hijos. Le enseñé los nombres de alguna estrella, los colores del arco iris, a seguir el paso de las cigüeñas, a saltar a la comba, a cantar canciones tontas de niños. Le enseñé a ser generosa e inglés, y ella sola aprendió muchas cosas más en las que me daba cien vueltas. Aprendió, sobre todo, a amar sin medida a cuantos albergaba en su corazón. Vivir con ella era un tobogán vertiginoso y me cuidaba y me reñía como si al final se hubiesen invertido los papeles y ella fuese la madre y yo la hija y siempre era un reto constante.

Se va demasiado pronto y espero que en su destino final encuentre a Teo y a su padre y a los míos y les hable de Julia y Víctor en los que había depositado todo su amor y sus sueños. No sé cómo voy a sobrevivir a partir de ahora, sé que tengo a mis hijos y nietos, a mis hermanos, a mis amigos. Pero ya siempre me faltará ella y nada será lo mismo aunque todo parezca igual.

Mi nieta me dijo una vez que los que mueren van al espacio. Que allí no hay oxígeno pero que como están muertos no lo necesitan. Y añadió que cuando pasa mucho tiempo se convierten en estrellas. Pues desde hoy buscaré la suya que será la más brillante, la más ardiente allí, en los confines de Orión.

Aunque no siempre tu vida fue fácil fue un privilegio ser tu madre y siempre te amaré y te llevaré conmigo. Y sé que los que hoy me acompañan en esta despedida te recordarán también.

Te amo, y te amaré siempre porque te vas pero te quedas, te quedas aunque me condenes a una soledad cotidiana, perenne y dolorosa. Adiós, hija mía. Adiós.

Índice